berthold linn bernd mönkebüscher

bilder vom abschied

gedanken und bilder nach dem ende deines lebens

die texte von maria grünwald auf den seiten 6, 10, 12, 16, 30, 32 und 34
mit freundlicher abdruckerlaubnis des mönnig–verlags, iserlohn
satz und layout von berthold linn

berthold linn   bernd mönkebüscher

bilder vom abschied

gedanken und bilder nach dem ende deines lebens

mit texten von
maria grünwald

fotos von
berthold linn

Wie gut können oft Worte und Bilder tun, wie gut kann oft Schweigen tun. Worte und Bilder treffen sich hier, um schweigende Momente zu begleiten. Drei Menschen haben sich zusammengetan, die alle in der jüngsten Vergangenheit vom Tod getroffen worden sind: der Tod des Ehemannes und des Sohnes, der Tod des Freundes, der Tod der Mutter. Vom Tod betroffen, entstanden Gedichte und Texte, Bilder und Eindrücke, Briefwechsel und behutsame Begegnungen.

Jeder Mensch geht mit seiner Trauer ganz persönlich um, aber wichtig ist das Umgehen damit.

Mir hat sich die Zeit zwischen dem Sterben meiner Mutter und ihrer Beerdigung tief eingegraben. Wir haben sie immer wieder besucht, wenn auch nur für wenige, aber intensive Minuten. Es entstanden Gedanken, Fragen, aber auch Tröstungen, die sonst in der Form nicht entstanden wären.

Ein Teil dieser Gedanken ist hier niedergeschrieben; sie sind und bleiben für mich Gegenwart.

Vielleicht empfinden Sie ähnlich; vielleicht können Ihnen Wort und Bild Begleiter in den Tagen zwischen Sterben und Beerdigung (und darüber hinaus) sein.

Wir danken allen, die beim Entstehen dieses Buches beteiligt waren: ursächlich und begleitend, Mut machend und mitwirkend.

Der Leserin, dem Leser ist es in die Hand gelegt; gewidmet allen, denen unsere Liebe über den Tod hinaus gilt.

Bernd Mönkebüscher

Die Fotos sind in der Absicht entstanden, das Gefühl von Verlassensein und Suche zu zeigen. Ich habe an Orten fotografiert, die von diesen Themen erzählen, wie verlassene Häuser, deren Bewohner verstorben sind, und ihre Spuren aufgezeichnet. Der größte Teil der Aufnahmen ist authentisch und so oder ähnlich erfahrbar wie das Thema dieses Buches. Die Trauer kann nicht gestellt sein, sie lässt sich aber gestalten.

Ich hoffe, dass Sie sich in den Fotografien verlieren und wiederfinden können.

Berthold Linn

Wir sitzen
zu selten
an Totenbetten

Wir hören
zu selten
die stumme Botschaft

Wir schauen
zu selten
die Vergänglichkeit

Wir sitzen
zu selten
an Totenbetten

Maria Grünwald

mit gemischten gefühlen nehme ich dieses wort auf.
um totenbetten mache ich am liebsten einen großen bogen.
das endgültige erschreckt mich. ich will es nicht wahrhaben.

aber ich komme nicht davor her:
ich finde mich wieder – am totenbett.
kann ich hier überhaupt sitzen – oder ziehe ich es vor zu stehen?

wie leise, wie schweigsam sie ist, die stumme botschaft.
sie erzählt mir nicht nur, dass alles ein ende hat.
sie erzählt mir unendlich viel mehr.
nirgendwo anders kann ich es hören.
ich sitze, und obschon ich der kälte des todes ins auge schaue:
ich spüre das verlangen zu halten, zu bewahren.

diese augenblicke wird mir niemand ersetzen können.

sitzen

hören

schauen

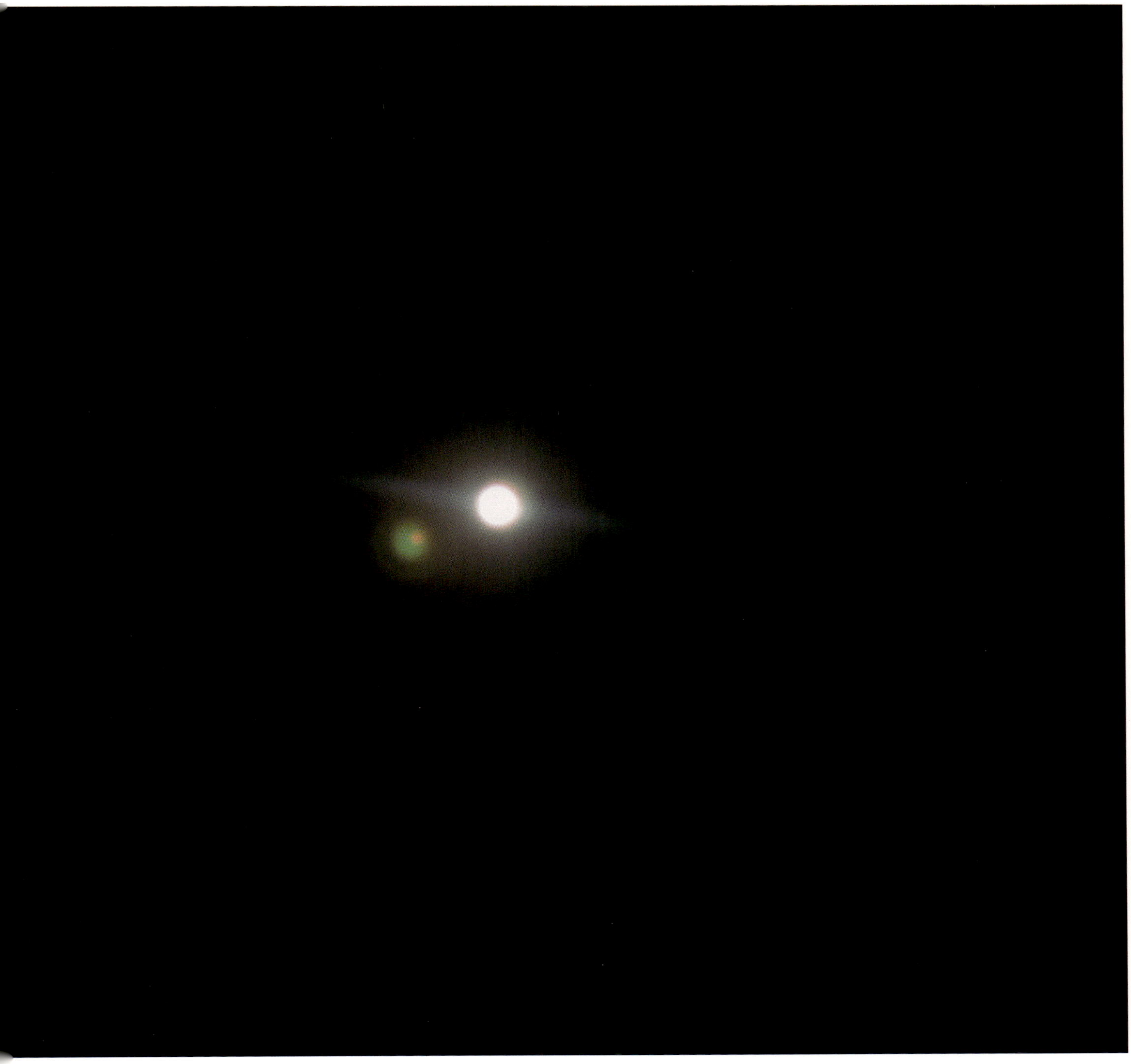

sitzen hören schauen

Wenn du aber alt geworden bist, wirst du deine Hände ausstrecken und ein anderer wird dich gürten und dich führen, wohin du nicht willst. (Jo 21,18)

Wenn du aber alt geworden bist, wirst du deine Hände ausstrecken

wie lange hast du dich gewehrt
deine eigenen hände gebraucht
selbst geführt und gegürtet
geschaffen und getan

nun regen sich deine hände nicht mehr
sie ruhen

oh, wie sehr hoffe ich
dass da jemand ist
der dich gürtet und führt
wohin du willst

oh, wie sehr hoffe ich
dass du voll vertrauen
deine hände ausstrecken kannst
und sie nicht ins leere greifen

ob ich mich
jetzt schon
ein bisschen
führen lasse
meine hände ausstrecke

seltsam
du könntest mich
dabei an die hand nehmen

Abschied

Nicht hörtest du mehr
die Kraniche
nach Süden ziehen
auf die du gewartet
jedes Jahr

Wie sie bist du
schwerelos fortgezogen
in ein besseres Land
in deine letzte Heimat

Maria Grünwald

ich erinnere mich an dein rufen, wenn sie fortzogen, die kraniche.
du ließest alles liegen und stehen, liefst auf die treppe
vor dem haus, schautest zum himmel.

ein schauer lief uns über den rücken – heiliges ritual.
kein herbst ohne diesen gang nach draußen.
meist in der dämmerung, wir froren,
aber wen konnte das stören …

wenn sie riefen, die kraniche, schauten wir ihnen nach.
wir sprachen nicht groß drüber, wir spürten es ohne worte:
etwas neues beginnt – zeit ist vorübergang.
dann gingen wir zurück ins warme haus.

heute gehe ich allein zurück.
jeder kranich erinnert mich an dich.
wenn sie rufen, wird mir warm ums herz,
mag es noch so kalt geworden sein.

und ich spüre, wie sehr sie vorübergeht, die zeit.

Lass los

Lass es sein

Mitunter

Lass es einfach sein

Wie es ist

Lass es sein

Zu warten

Zu fragen

Zu suchen

Lass es sein

Halt es aus

Steh es durch

Hoffe

Statt dessen

Vertraue

Dass es weitergeht

Maria Grünwald

Gelassenheit

mir bleibt nichts anderes über –
ich kann mich wehren, schreien, weglaufen, die augen schließen: nichts ändert sich mehr.
sooft ich auch hinschaue: du liegst da genau so wie gestern.

manches habe ich seit gestern erledigt,
hier hat sich nichts verändert.

ich lösche kurz das licht, ich schließe die augen, um noch mal neu zu schauen.
es bleibt, wie es ist.
ich frage mich, ob du mich jetzt wohl siehst.
und was du denkst.

irgendwie habe ich das gefühl,
dass ich dich jetzt überall finden kann,
nicht nur in diesem raum.

Was geht in einem Menschen vor, der sich nicht oder nur noch kaum verständlich machen kann? Was geht in ihm vor, wenn sich die Seele vom Körper zu lösen beginnt?

Wir, die wir vorgeben, vom Leben und Sterben so viel zu wissen – wir wissen davon nichts.

Wir bleiben buchstäblich zurück, stehen daneben.

Eine Weise, damit umzugehen, sagen mir die Osterevangelien.

Es wird erzählt von den Frauen, die sich frühmorgens – noch in der Dunkelheit – auf den Weg zum Grab machen. Offenbar weichen sie dem Tod und der Trauer nicht aus, sondern gehen mitten hinein, gehen sogar hinein in die Grabkammer. Berührungsängste mit dem Tod gibt es bei ihnen nicht. Ihre Trauer muss nicht unterdrückt und verborgen bleiben, sondern sie darf ausgelebt und gezeigt werden.

Nur so werden die Frauen weitergeführt: geführt über die Grenze des Todes hinaus, geführt über den engen Horizont ihres Sehens und Wissens hinaus.

Gerätselt auf dem Weg, wer den schweren Stein vom Eingang des Grabes wegrollt, finden sie ihn schon beiseite geschoben.

Nein, er ist nicht verschwunden, hat sich nicht in Luft aufgelöst: Der Stein ist noch da, aber er versperrt nicht mehr den Zugang zum Ostergeschehen.

noch in der Dunkelheit

Sonnenaufgang

Ich wünsche mir, dass es so auch sein kann mit all den Steinen, die mich belasten und die mir auf der Seele liegen, die mich einsperren und für die Botschaft des Glaubens verschließen; dass Steine der Angst und der Enttäuschung, der Verletzung und der Trauer plötzlich beiseite gerollt sind.

Aber es ist so schwer, diesen Steinen nicht auszuweichen, sondern sie aufzusuchen und einen Weg mit ihnen zu finden.

Ich wünsche mir wirkliche Begegnung mit dem Leben, mit dem Auferstandenen, dass all die mächtigen Steine ihr Gewicht und ihre Bedeutung verlieren, dass sie nicht mehr im Weg sind und nicht mehr blockieren – dass aus der traurigen Dämmerung des Morgens Sonnenaufgang und lichter Ostertag wächst.

Vielleicht meint die Osterbotschaft, dass auch meine Begegnung mit dem Tod in deinem Sterben Wandlung erfahren kann und wird, wo ich meiner Trauer nicht ausweiche und die Begegnung mit dem Tod so lange durchgehe, bis er seinen Schrecken verliert, bis mir dein Grab geöffnet erscheint und ich ahnen darf: das Leben, dein Leben ist woanders: nicht in der Grabkammer, nicht auf dem Friedhof – es ist bei Gott.

Und wenn es stimmt, dass Gott überall da ist, wo ich Ihn aufsuche, finde ich in Ihm auch überall Begegnung mit dir.

Noch sehe ich den Stein. Noch versperrt er mir den Zugang. Aber ich hoffe auf den Tag, wo er – wie über Nacht – weggerollt ist.

Trauer nach einem Tod

Weich nicht aus
stell dich ihr
ohne Schild
ohne Speer
betäub dich nicht
kaschier sie nicht

Zahl den Preis
für die Liebe
die dir verliehen
nur auf Zeit
Leihgabe war sie
Geschenk auf Erden

Zu Himmelshöhen
kehrt sie zurück
woher sie gekommen
blick ihr nach
nicht ohne Dank
dass sie gewesen

Maria Grünwald

man hat es mir gesagt
ich habe es gewusst:
immer bleibt einer zurück
und nichts in meiner hand
ist von dauer

bei den mich umgebenden dingen
mag ich es hinnehmen
es erleichtert mich sogar
alles zu lassen
womit ich mir mein leben
zugestellt und erschwert habe

aber dich loszulassen
macht mein leben nicht leicht

wohl tröstet man
mich und sich
und sagt
dich belastet jetzt nichts mehr
und du bist jetzt leicht wie eine feder

doch könnt ich mir denken
du trägst in dir
die gleiche sehnsucht nach mir
wie ich nach dir

Begleiter
meines Lebens
wann kümmerst du dich
um meine Gezeiten
die durcheinander gerieten
nach einem Tod

Erhelle meine Kammer
wenn mich Glück
und Schlaf meiden

Gebiete der Flutwelle
meiner Tränen
in der ich ertrinke

Doch lass mir soviel Wasser
dass ich in der Ebbe
meiner Tage
nicht verdurste

Maria Grünwald

bitte an den mond

wie gut es tut, einfach zu weinen.
irgendwie bin ich dann ganz nah dran an meinem schmerz,
und ich meine, nicht nur mich zu berühren, sondern auch dich.

gerade wenn es drückt irgendwo über dem magen,
es einfach nur drückt,
möchte ich weinen können, nichts als weinen.

zwar wischt keine träne den schmerz weg,
doch irgendwie wird er für einen moment leichter.

aber wehe,
wenn die augen leer geweint sind und keine träne mehr kommen will,
wer ist mir dann begleiter durch die nacht?

du hattest nie einen pinsel in der hand
dennoch hast du ohne ende gemalt.
so viele bilder sind in mir,
ich verdanke sie dir:
bilder der wärme,
bilder des glaubens,
bilder von weihnachten
...

immer noch
malst du.
du malst
bilder der hoffnung
bilder der verbundenheit
bilder von unsichtbarer begegnung
...

da mein auge sie nicht sieht,
brauche ich etwas länger
zum hinschauen
...

du hattest nie einen pinsel in der hand

POLAROID

ich sehe dich
wie du kaffee trinkst und sprichst;
ich sehe dich
wie du sitzt und schaust;
ich sehe dich
wie du betest und liest;
ich sehe dich
wie du arbeitest und schaffst

ich höre dich
wie du telefonierst und schallend lachst;
ich höre dich
wie du summst und singst;
ich höre dich
wie du vorliest und erzählst;
ich höre dich
wie du weinst und trauerst

ich sehe dich
wie du fahrrad fährst und einkaufst;
ich sehe dich
wie du fenster und gemüse putzt;
ich sehe dich
wie du ruhst und schläfst;
ich sehe dich
wie du spülst und abwischst

ich höre dich
wie du schnarchst und hustest;
ich höre dich
wie du treppen steigst und türen öffnest;
ich höre dich,
wie du rufst und seufzt
ich höre dich,
wie du gehst und gähnst

ich höre dich

ich sehe dich

…

kurz danach

den blick fest nach unten gerichtet
am boden
keine sonne im blick

steinharte wirklichkeit
schritte ohne ziel

gerufen
nichts gehört
getastet
nichts begriffen

lass mich erkennen
was werden soll

kurz davor

Wer sagt
Du seist fort
Weiß nicht
Um deine Gegenwart
Die hängen blieb
In allen Dingen
Die du geliebt

Wer sagt
Du seist fort
Weiß nicht um Liebe
Nicht gebunden
An Raum und Zeit
Weiß nicht
Um deinen Geist
Der sich eingenistet
Dort wo dein Herz schlug

Zeitlos

Maria Grünwald

wenn ich durch deine räume gehe: ich rieche dich, spüre deinen atem.
ich sehe die abgelegten kleider, die sorgsam gefaltete wäsche,
das von dir behütete, woran dein herz hing.
alles trägt deine handschrift, überall bist du.

ich weiß, wie du selbst es geschätzt hast, als dir der tod wunden schlug:
in den gegenständen zu kramen, irgendetwas zu finden,
in jedem fall nähe zu spüren.
lange hingen kleider am haken,
noch heute eine aufbewahrte butterbrotdose im schrank.

du hast sie gelassen.

und ich lasse sie auch.

es ist, als seien da unsichtbare fäden und kanäle.
ich will sie aufnehmen, nicht weiter entwickeln, nur halten.
denn nur wenn ich sie halte, kann ich selbst mich weiterentwickeln.

ich kannte es vorher nicht,
den wunsch, das verlangen,
dir etwas mitzugeben in den sarg:

ein bisschen erde, in der du soviel gearbeitet,
ein bild und sorgsam gehütete heiligtümer,
die ich in deinem schrank fand.

wenn du schon deinen weg allein gehen musst,
sollst du möglichst viel mit dabei haben.

ach, nein: viel braucht es nicht sein,
nur persönliches,
das, was untrennbar zu dir gehört.

vielleicht brauchst du das alles nicht mehr,
doch ich glaube, du verstehst,
dass ich es brauche.

das, was untrennbar zu dir gehört.

du bist überall, wo ich an dich denke.

ich glaube,
du bist überall, wo ich an dich denke.
zwischen uns
gibt es keine kilometer der entfernung mehr.

ich spüre dich
nicht nur in den gegenständen, die dir lieb,
ich sehe dich
nicht nur in den fotoalben, in denen ich blättere.

ich trage dich
in mir
und habe das gefühl,
dass du mich siehst.

Schmerz

Ich werfe
meinen Schrei
auf das Meer
die Wellen spülen ihn zurück

Ich rufe
meinen Schrei
in die Wüste
der Sandsturm trägt ihn zurück

Ich trage
meinen Schrei
auf den Berg
das Echo bringt ihn zurück

Ich schicke
meinen Schrei
in den Himmel
er kommt als Lied zurück

Maria Grünwald

dem himmel
das lied zugeordnet
immer schon
singende engel
lobpreisende heerscharen

den schmerz
so lange tragen
aushalten
durchatmen
bis ich
die engel im himmel singen höre
ich will es versuchen
meinen schrei
auf den langen weg zum himmel
zu schicken.
was meer, wüste und berg
auf kurzem weg zurückgeben
weiß ich.

mach ich mich
auf lange wege gefasst.
und nehme mir
zeit dafür.

Gedenktag

(An ein verstorbenes Kind)

Diese Geburtstage
im Konjunktiv
dieses Weiterzählen
nicht gelebter Jahre
dieses Anwachsen
trotz eingeschlossener Zeit
diese Gespräche
im Monolog

und dein
nicht alternder
Blick

Maria Grünwald

ich sehe
auch hier ist kein stillstand
das, was ich sehe
verändert sich

du liegst noch so wie vorgestern
aber du siehst anders aus

gestern dachte ich
du schläfst
und könntest jeden moment erwachen
aufstehen

heute denke ich so nicht mehr

du bist weiter weg
weiter
weg

längst schon erwacht

längst schon
erwacht
aufgestanden

Leid

Versteck es nicht
wie etwas, dessen
du dich schämst

vergiss es nicht
wie einen längst
entschwundenen Freund

verwirf es nicht
wie etwas, das
zu nichts mehr dient

versenk es in das Feld
wie alle Saat
die winters wartet
vertrau's der Erde an
damit es keimt und grünt
und dank des Himmels Segen
neue Früchte trägt

Maria Grünwald

es scheint, die welt hält den atem an.
nein, nicht die welt, die große,
nur meine welt, die kleine.
wie sehr bestimmst du diese tage,
färbst sie ein, gibst ihnen ein eigenes gesicht.

über vieles denke ich nach,
es tritt vor mein auge
und ich merke, wie viel macht
der alltag über mich hat,
das gedankenlose, das kurzweilige, das zerstreuende.

wohl irgendwie gezwungen zum einhalten und

nach–denken
frage ich mich,
ob ich es mir werde bewahren können:

zeit für erinnerungen
zeit für einblicke
zeit für dich und mich

untrennbar mit dir verbunden

ich darf nicht daran denken
dass das, was ich sehe
morgen in die erde gesenkt wird

ich darf nicht daran denken
dass fremde menschen
dich zum letzten mal sehen und tragen

ich darf nicht daran denken
dass kalte erde ...

auch wenn ich weiß
dass du woanders bist
und nicht mehr in dieser hülle

ich kann dich doch nicht davon trennen
noch nicht

und irgendwie
ist das, was ich hier sehe von dir
mehr als nur hülle

es war doch
untrennbar mit dir verbunden
das, was ich berührt und gesehen

Nach einem Tod

Du gingst

Nahmst mit dir
Deine Hände
Deinen Mund
Deine Stimme
Deine Gegenwart
Neben mir

Doch im Raum
Hüllen mich ein
Wie in frischen Schnee
Die Spuren
Deines Lebens

Du bliebst

Maria Grünwald

du bist weg und doch da
abwesend und anwesend
unsichtbar, und doch sehe ich dich

nicht mehr an einem festen ort treffe ich dich
dafür jedoch überall

mag mancher es für naiv halten, so zu denken
für mich stimmt es

und ich glaube auch für dich

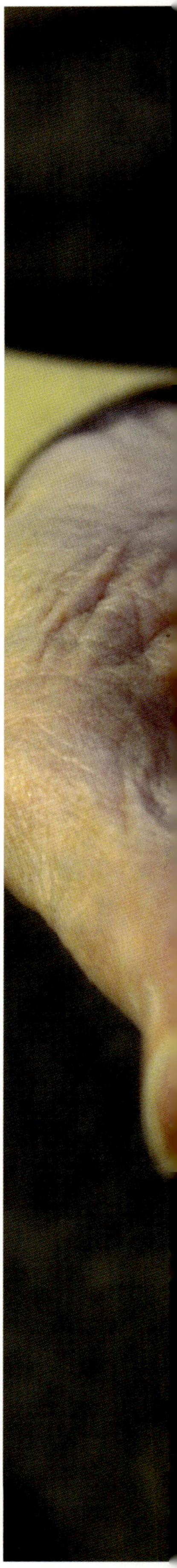

wenn hören und sehen vergehen
es ist so
als würde sich alles drehen
oder still stehen

wenn hören und sehen vergehen
es ist so
als würde ein buch geschlossen
oder ein neues begonnen

wenn hören und sehen vergehen
es ist so
als brächen tausend fragen an
oder eine stille antwort würde lesbar

wenn hören und sehen vergehen
es ist so
dass unwiderruflichkeit schmerzt
aber erlösung tröstet

wenn hören und sehen vergehen

Wo du nun weilst
Wird lichter alles sein
Und jede Last genommen
Warum dann unsere Tränen

Wo du nun weilst
Wird es den Schmerz nicht geben
Der unsere Augen nässt
Warum dann unsere Tränen

Wo du nun weilst
Wird keine Trübsal dir zuteil
Durch Weh und Last
Warum dann unsere Tränen

Maria Grünwald

Totenklage

weil mein leben ärmer geworden ist und leerer
weil heimat unwiderruflich verloren gegangen ist
weil ich mich nicht mehr anlehnen kann und ausruhen
weil …

ich weiß, ich trauere auch um mich
mit dir ist so viel
von mir gestorben

noch einmal

noch einmal nähe spüren
anwesenheit

noch einmal danke sagen
verbundenheit

noch einmal innehalten,
erinnerung

…

und dann

aufschauen, weiter, tiefer sehen
wahrnehmen, wie sich türen öffnen

weit

türen, die nicht mehr verschlossen werden
türen, die einen neuen weg eröffnen
lebensweg

wir begleiten einander – so gut es geht
halten – werden gehalten
führen – werden geführt
lassen – werden gelassen
lassen los – werden losgelassen
geben – werden übergeben.

wo wir nichts mehr tun können
da bleiben immer noch
wünsche
hoffen
beten

Zum Paradies mögen Engel Dich
begleiten, die heiligen Märtyrer
Dich begrüßen und Dich führen
in die heilige Stadt Jerusalem.
Die Chöre der Engel mögen Dich
empfangen, und durch Christus,
der für Dich gestorben, soll ewiges
Leben Dich erfreuen.
(Aus der Totenliturgie)

voll kommen

vollkommen
verheißt der glaube
das ewige leben

auch wenn ich nicht weiß
wie es ist
das ewige leben

voll kommen
ist es nun für mich
voll von deinem kommen

Bibliografische Information Der Deutschen Bibliothek
Die Deutsche Bibliothek verzeichnet diese Publikation in der Deutschen Nationalbibliografie; detaillierte bibliografische Daten sind im Internet über http://dnb.ddb.de abrufbar.

ISBN 3-89710-338-9

ISBN 3-86506-091-9

Gesamtherstellung:
Bonifatius GmbH · Druck · Buch · Verlag Paderborn